Los caminos de la sabiduría

Confucio

 DEL NUEVO EXTREMO

Confucio

Los caminos de la sabiduría / Confucio; compilado por Carlos Santos Sáez.
1ª ed. - Ciudad Autónoma de Buenos Aires: Del Nuevo Extremo, 2016.
112 p. ; 23 x 15 cm.

ISBN 978-987-609-648-5

1. Filosofía China. I. Sáez, Carlos Santos, comp. II. Título.
CDD 181.112

© 2016, Editorial Del Nuevo Extremo S.A.
A. J. Carranza 1852 (C1414 COV) Buenos Aires Argentina
Tel / Fax (54 11) 4773-3228
e-mail: editorial@delnuevoextremo.com
www.delnuevoextremo.com

Imagen editorial: Marta Cánovas
Diseño de tapa: @WOLFCODE
Diseño interior: Marcela Rossi

Primera reimpresión: mayo de 2016

ISBN: 978-987-609-648-5

Reservados todos los derechos.

Ninguna parte de esta publicación puede ser reproducida, almacenada
o transmitida por ningún medio sin permiso del editor.
Hecho el depósito que marca la ley 11.723

¿Quién fue Confucio?

Confucio (K'ung-fu-tzu, Maestro Kong) fue un filósofo chino nacido en Lu, actual Shantung, China, h. 551 a. C., en una familia noble venida a menos.

Trabajó como maestro y se desempeñó como funcionario durante la dinastía Chu. No pudo seducir con sus ideas a los príncipes, solo logró ejercer influencia directa sobre algunos discípulos.

Su fama es producto de la divulgación posterior de su pensamiento, conocido como confucionismo, una réplica a la permanente lucha entre señores feudales de la época histórica que le tocó vivir.

El confucionismo es considerado una filosofía y no una religión, porque hay en él escasas referencias a la divinidad. Confucio nunca quiso teorizar sobre el más allá. Su núcleo de pensamiento estaba conformado por las conductas privadas y las normas del buen gobierno.

Su doctrina está sustentada en la benevolencia, la tolerancia, el respeto mutuo, la armonía social y el cumplimiento del deber. Al sistematizar esos paradigmas, ya presentes en la cultura china, logró difundir su modelo social con facilidad, y contribuyó en la formación de un concepto político. Confucio lo presentó como un pensamiento conservador, instalando en el pasado la edad de oro, en la que habían imperado los buenos principios a los que los chinos debían regresar. Reforzó la importancia de la familia, y el rechazo a la tiranía. Los súbditos debían obediencia al soberano, ya que el Estado existía para buscar el bien de los gobernados; pero, por la misma razón, los gobernantes debían gobernar según rectos principios éticos, aplicando el ejemplo moral y no la fuerza.

Soñaba con la vuelta a un ayer utópico en el que un príncipe sabio y bueno (el hijo del Cielo) gobernara y fuera obedecido como un padre por sus hijos, en un ambiente tranquilo y organizado. Conjeturaba un orden cósmico perfecto, imitado en los asuntos humanos, logrando la armonía de la tierra con el Cielo, fuerza inteligente que gobierna el mundo.

El pensamiento de Confucio era conservador, pero, al mismo tiempo, se presentaba como transformador. Exigía un gobierno justo, pregonaba que la nobleza no procedía del nacimiento sino de la sabiduría; y dejaba abierta la puerta a la rebeldía contra los gobernantes inmorales. Por eso sus ideas no fueron toleradas por los dirigentes de la época, a pesar de ser populares entre la gente.

A pesar de ser perseguido durante la época de la dinastía Ts'in (221-206 a. C.), el confucianismo se convirtió en la filosofía oficial del Estado bajo la dinastía Han (206 a. C.-220 d. C.). Desde entonces, el sistema de selección del personal al servicio del Estado mediante oposiciones convirtió el estudio del pensamiento de Confucio y de sus seguidores en uno de los pilares de la formación de un hombre sabio, que abría las puertas de la burocracia y de la promoción social.

Esta doctrina moderada y fuertemente anclada en la mentalidad tradicional ha marcado la ética dominante en China al menos hasta comienzos del siglo XX y su influencia sigue siendo perceptible hasta nuestros días, a pesar del esfuerzo de las autoridades comunistas por erradicarla; su influencia se propagó también a Japón, Corea y Vietnam como parte del influjo cultural que en términos generales han recibido esos países de la vecina China.

El confucionismo

La posición adoptada por la mayoría de teólogos y estudiosos de las escuelas de pensamiento es considerar al Confucionismo como una filosofía y no como una religión.

Se apoya en tres pies:

1. La armonía del cosmos, que regula tanto la vida animal y vegetal como el ser humano y las estaciones.
2. La práctica del bien, la sabiduría empírica y las propias relaciones sociales.
3. El culto a los antepasados.

Las enseñanzas de Confucio y las conversaciones con sus discípulos están recogidas en las Analectas. Confucio cree que las personas viven su vida según parámetros establecidos por el cosmos, pero que los hombres son responsables de sus acciones, especialmente en lo concerniente a su relación con los demás. De esta forma, no tenemos capacidad para alterar nuestro ciclo existencial, pero si determinamos nuestros logros y aquello por lo que somos recordados.

Confucio representaba sus enseñanzas como lecciones transmitidas desde la antigüedad, diciendo que era un transmisor y no un creador, y que todos sus actos tenían como objetivo el amor hacia los ancestros. Pero no se deben entender las Analectas como una compilación de ideas ancestrales, porque muchas de las enseñanzas de Confucio son originales suyas.

La doctrina social de Confucio gira sobre el concepto de compasión o amor por el otro, que incluye la humildad hacia uno mismo.

Recomienda huir del exceso de locuacidad y cortesía, que puedan crear una falsa impresión de uno mismo, y cultivar la simpleza y la discreción.

La regla fundamental del confucionismo es: "No desees para otros lo que no desees para ti".

Confucio, como muchos de sus seguidores, predica que es a través de la experiencia de los deseos y anhelos que aprendemos el valor de las normas sociales que conforman la base para una sociedad justa.

La filosofía política de Confucio señala que el gobernante debe tener auto-disciplina, para gobernar a sus súbditos según su ejemplo, y tratarlos con amor.

En los tiempos de Confucio, los legalistas tenían muchos seguidores entre las clase gobernante, por eso el filósofo advertía sobre las consecuencias de una excesiva promulgación de leyes.

Confucio percibía que las instituciones políticas se encontraban al borde derrumbe, porque ostentaban el poder en primera persona.

Para Confucio, la característica principal de todo buen gobernante es la virtud, concebida como un tipo de autoridad moral que permite la captación de adeptos sin el uso de la fuerza.

Frente al individualismo anarquizante del taoísmo, el confucionismo representa la dimensión social del hombre, cuya moralidad se define por el deber, la posición y la función, que demuestran que la historia y la cultura chinas son tan incomprensibles sin las doctrinas de Confucio, como las europeas sin la filosofía griega y el cristianismo.

Confucio y la educación

Confucio le daba gran importancia a la educación y el estudio. No creía en la habilidad o intuición natural para el aprendizaje, y argumentaba que el entendimiento real de un tema solo puede ser dado por un estudio meticuloso y prolongado. Para Confucio, el estudio comienza en la búsqueda de un buen maestro y sigue en la inspiración que nos producirán sus palabras y sus actos. Previene sobre el exceso de meditación y reflexión, y se posiciona en un punto intermedio sobre lo que se aprende y la reflexión sobre lo aprendido. Al propio Confucio se le atribuye la enseñanza de hasta 3000 discípulos, siendo solo unos 70 los que llegaron a entenderle en su totalidad. Confucio estaba dispuesto a enseñar a cualquiera sin importar su rango social siempre y cuando tuvieran verdaderas ganas de aprender y recoger sus enseñanzas y no tuvieran miedo al cansancio. A sus estudiantes les enseñaba moralidad, la propiedad del habla, gobierno y bellas artes. Mientras que entendía que la moral era el área más importante del conocimiento, dotaba de gran importancia a las seis bellas artes (ritual, música, tiro con arco, conducción de carros, caligrafía y cálculo). Los métodos de enseñanza de Confucio eran francamente sorprendentes, en vez de dar largos discursos y lecciones sobre un tema en cuestión, prefería, tras una introducción por su parte, formular preguntas, recurrir a citas o usar analogías aplicables, quedando a la espera de que sus estudiantes lleguen a sus propias conclusiones a través de sus propios métodos deductivos. El objetivo era crear hombres sabios que pudieran conducirse con cierta gracia, se expresaran de una forma apropiada y demostraran ser íntegros en todos los aspectos.

Esta edición

Esta edición, compila proverbios de *Ta Hio (La gran ciencia)*, *Chung Yun (La doctrina del medio)*, *Lun Yu (Los comentarios filosóficos, Las analectas)* y *Meng-Tse (El libro de Mencio)*, libros que Confucio no redactó personalmente, pero son el canon de su escuela, también conocida como De los letrados.

Para andar los caminos de la sabiduría
debes profesar amor y respeto,
invocar la unión y evitar los enfrentamientos.

No se puede guiar a los pueblos a través de los castigos, ni igualar a los hombres abusando del poder. Solo la virtud de los gobernantes guiará a los súbditos y las ceremonias justas los igualarán.

Desconfía de las palabras exquisitas y la apariencia grandiosa, casi nunca están unidas con la honestidad y el altruismo.

Si pactas según lo que es justo podrás mantener tu palabra.

Si respetas y te haces respetar estarás lejos de la vergüenza y la humillación.

Cuando las personas a las que amas son buenas
puedes considerarlas tus maestras.

Lo que no quieras para ti no lo quieras para los
demás.

A los quince años estudias. A los treinta logras
estabilidad. A los cuarenta desaparecen tus dudas.
A los cincuenta descubres a tu espíritu. A los sesenta
escuchas la verdad. A los setenta pones en marcha lo
que tu corazón desea sin hacer el mal.

Los que tienen sabiduría no compiten.

Si cuidas lo que sabes y aprendes cosas nuevas,
podrás llegar a ser un maestro.

Para tener sabiduría no debes ser solo una
herramienta.

La sabiduría consiste en poner las palabras en
práctica antes de decirlas y hablar de acuerdo a
nuestras acciones.

Aprender sin pensar es inútil, pensar sin aprender es peligroso.

La sabiduría sostiene lo que se sabes cuando lo sabes, y evita que simules que sabes cuando no sabes.

Para garantizar la fidelidad de los pueblos se debe premiar a los justos y poner a un lado a los corruptos.

Los que no son buenos con el prójimo, no podrán soportar largo tiempo una situación de escasez, ni una situación de felicidad.

El que oyera los principios del buen camino por la mañana, podría morir tranquilamente por la tarde.

Ni a favor ni en contra de nada, solo del lado de lo que es justo.

Trabaja en prevenir delitos para no necesitar castigos.

El hombre sabio es un hombre justo, lo que no quiere que los demás le hagan, no se lo hace a los demás.

La sabiduría hace nido en la justicia, la vulgaridad en el beneficio material.

Hablar poco, para no avergonzarse del momento en que no se llega con los hechos a la altura de las palabras.

El más sabio y el más necio tienen en común ser incomprensibles.

Cuando tus virtudes naturales se imponen sobre las que te dio la educación, te vuelves bestia.

Cuando lo que has aprendido domina a lo innato, te conviertes en burócrata.

Cuando tus virtudes naturales y lo que has estudiado están en armonía, empiezas a tener sabiduría.

La práctica del justo medio es la virtud.

Son pocos los seres humanos que alcanzan ese punto.

El hombre sabio nunca deja de instruir a persona alguna, desde el que le trae como pago un trozo de carne salada, hasta todos los que están por encima de él.

Cuando en el mundo rija la bondad como doctrina nuestro camino justo se dejará ver, en caso contrario no sabremos hacia dónde ir.

El Maestro nunca hablaba acerca de sucesos extraordinarios, actos de fuerza, desórdenes o espíritus.

El que posea una profunda fe y un gran amor al estudio y los mantenga hasta la muerte, dará pasos cada vez más perfectos en el buen camino.

Una voz fuerte no puede competir con una voz clara, aunque ésta sea un simple murmullo.

El hombre sabio no descubre verdades a quien no quiere descubrirlas, ni hace decir a nadie algo que no quiera decir; eleva una de las aristas del enigma, pero si la persona no puede ni quiere descubrir las otras a partir de la primera, no insiste.

Para ser un hombre sabio debes estudiar como si nunca fueras a aprender bastante, como si temieras olvidar lo aprendido.

No tengas ideas preconcebidas.

Cada cosa tiene su belleza, pero no todos pueden verla.

No te sujetes a ningún determinismo.

El autocontrol y la tenacidad tienen como resultado la bondad.

Si no podemos servir a los hombres, no vamos a servir a los espíritus.

Si no conocemos la vida, nada sabremos de la muerte.

No seas egoísta.

Si alguien puede dominarse a sí mismo y perseverar en sus ceremonias, será calificado por todos como bueno.

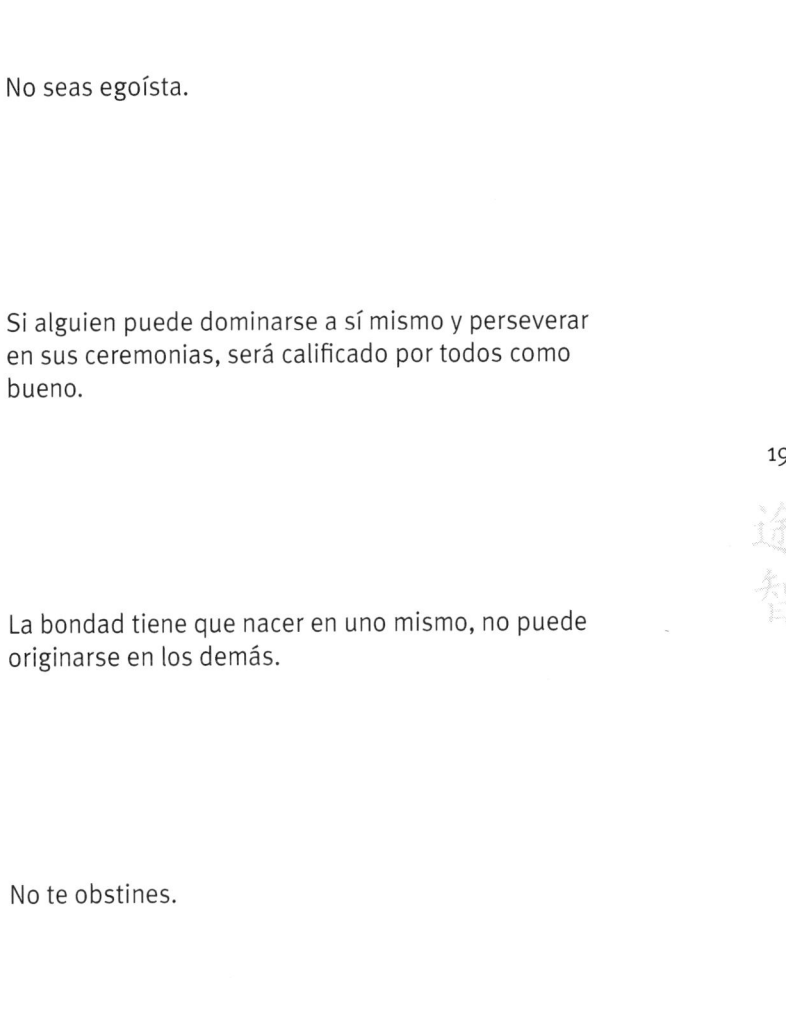

La bondad tiene que nacer en uno mismo, no puede originarse en los demás.

No te obstines.

Un buen jefe da órdenes haciendo sentir a sus súbditos que ellos son tan importantes como él mismo, y que lo que harán será imprescindible para una causa común.

Que nada que vaya contra tus intereses y tus creencias te convierta en alguien que no eres.

No juzgues a todos ni hagas nada que no creas correcto.

La benevolencia consiste en tratar a todos como si fueran importantes personajes,

Ser bueno es no hacer a otros lo que no quieras que te hagan a ti, y no dar lugar a murmuración alguna contra ti y tu familia.

Los que murmuran contra su país son traidores.

Para que haya buen gobierno debe haber abundancia de comida, un ejército suficiente y confianza de los súbditos en el gobernante.

No te dejes influenciar por lo que miras o lo que oyes.

Si no se pronuncian las palabras correctas, el discurso no se ajustará a lo que se quiso decir; cuando las palabras no se ajustan a lo que representan, los prometido no se cumplirá.

Si el pueblo pierde la confianza en los que le rigen, el gobierno carecerá de toda estabilidad.

Un buen gobierno es el que gobierna.

No usar la pena de muerte para gobernar. Si el gobernante desea lo bueno, el pueblo será bueno. La cualidad del que gobierna es como la del viento y la del pueblo como la de la hierba: cuando la hierba recibe el golpe del viento se inclina en su dirección.

El hombre sabio es prudente con lo que desconoce.

Si no se cumplen las promesas y las obras no se terminan, no prosperarán los actos; si los actos no se desarrollan, no habrá justicia, sin justicia el pueblo no sabrá cómo obrar.

El hombre sabio necesita que las palabras se acomoden a sus significados, y que los significados se ajusten a los hechos. En las palabras del hombre sabio no debe haber nada impropio.

Si el pueblo tiene lo que necesita, el país también lo tendrá; pero, si el pueblo pasa hambre, el país será pobre. No hay países ricos con pueblos pobres.

Cuando un gobernante es justo se pondrán las cosas en práctica aunque no dé órdenes, pero si no es justo, aunque dé órdenes nadie le obedecerá.

Si durante cien años un Estado fuese gobernado por hombres buenos, sería posible cambiar a los malvados y derogar la pena de muerte.

Cuando los que mandan saben amar se vuelven justos, y hacen que el pueblo sea generoso.

El que no piensa en lo que está lejos sufrirá con lo que tiene cerca.

El hombre sabio es dueño de sí y no discute, escucha, plantea su opinión y acepta las de los demás sin querer tener razón, es sociable e imparcial.

El hombre sabio pide perdón y perdona.

Hay tres clases sanas de amistad y otras tres malsanas.

Es sana la amistad con los justos, con los dignos y con los que saben muchas cosas porque han visto y oído.

Es malsana la amistad con los hipócritas, con los aduladores y con los que hablan demasiado con palabras retorcidas.

El gobernante que da órdenes sin urgencia para exigir su cumplimiento cuando vence el plazo comete injuria.

El juez justo sacrifica su vida por la justicia, piensa antes en el bien común que en su propio beneficio, respeta y es respetado.

El gobernante que castiga a sus súbditos sin haberlos instruido es cruel.

El gobernante que exige sin previo aviso a sus
súbditos que presenten un trabajo terminado es un
dictador.

El gobernante que le no da a su pueblo los bienes
que le corresponden actúa como un simple contable
y no como alguien que ocupa un puesto de gobierno.

El que no sabe cuál es el mandato cósmico no puede
ser un hombre sabio.

Los más sabios y los más tontos son los únicos que
no se alteran.

El que no conoce los ritos no puede ser un hombre de firme carácter.

El que no sabe el significado de las palabras no puede conocer a los hombres.

Mientras el gobernante se pregunta ¿cómo puedo beneficiar a mi país?, y los grandes señores se preguntan ¿cómo puedo beneficiar mi casa? y los plebeyos se preguntan ¿cómo puedo beneficiarme a mí mismo?, todos luchan por el beneficio y el país peligra.

El sentimiento de vergüenza está en la base de la rectitud.

Si el que gobierna habla de amor a los hombres y se comporta con rectitud no tendrá necesidad de hablar de beneficios.

Si no hablamos de la forma en que nos comportamos, no podemos hablar sobre la forma en que deben comportarse los gobernantes.

Es un buen gobernante el que protege a sus súbditos.

Los vicios vienen como pasajeros, nos visitan como huéspedes y se quedan como amos.

Cuando los ricos viajan y se comen los graneros, los que tienen hambre no comen y los que trabajan no descansan. Todos maldicen, las órdenes son desobedecidas y los gobernantes reprimen, las riquezas se despilfarran y sobrevienen el dejarse llevar, el ir contra la corriente y la devastación.

Si el gobernante pone en práctica un gobierno benevolente, el pueblo le amará más que a todo y morirá por sus jefes.

El que se alegra junto con el pueblo es un verdadero gobernante.

Mide tus palabras para medir tu pensamiento

Todos los hombres tienen un corazón incapaz de soportar los sufrimientos de los otros. Los buenos gobernantes tienen un corazón compasivo, por ello practican una política compasiva. Cuando con un corazón compasivo se practica una política compasiva, gobernar es tan fácil como hacer girar algo en la palma de la mano.

La bondad del corazón permite ser un buen gobernante.

El hombre sabio se mantiene alejado de su codicia.

Lo que el pueblo ve parecía ser la verdad.

Los hombres basan su vida en cuatro sustentos, y el que dice que no es capaz de desarrollarlos, es como el que se roba a sí mismo, o el que declara la propia incapacidad al príncipe, o algo peor, como si estuviera robando a su país.

Todos los hombres poseen estas cuatro bases en su yo, si saben cómo desarrollarlas y llevarlas a su plenitud, serán como el fuego que empieza y toma cuerpo o como la fuente que brota y aumenta su caudal.

Si las completan, bastan para proteger al universo.

Si no las completan, no podrán proteger ni a sus propios poderes.

1. El que no siente compasión no es hombre.
2. El que no siente vergüenza no es hombre.
3. El que no siente gratitud no es hombre.
4. El que no tiene sentimientos de aprobación o desaprobación no es hombre.

El sentimiento de compasión está en la base del amor al prójimo.

El sentimiento de gratitud está en la base de la corrección.

Los sentimientos de aprobación y desaprobación están en la base de la sabiduría.

La tierra, que sirve para alimentar al pueblo, no debe ser motivo de que éste muera luchando por ella.

Exígete mucho a ti mismo y espera poco de los demás. Así te ahorrarás disgustos.

Si sabes lo que tienes que hacer y no lo haces estás peor que antes.

Hablar de lo que se sabe y admitir lo que no se sabe: he ahí el verdadero saber.

¿Me preguntas por qué compro arroz y flores? Compro arroz para vivir y flores para tener algo por lo que vivir.

Debes tener siempre fría la cabeza, caliente el corazón y larga la mano.

Elige un trabajo que te guste y no tendrás que trabajar ni un día de tu vida.

Por muy lejos que el espíritu vaya, nunca irá más lejos que el corazón.

El silencio es el único amigo que jamás traiciona.

Es posible conseguir algo luego de tres horas de pelea, pero es seguro que se podrá conseguir más con apenas tres palabras impregnadas de afecto.

Es más fácil apoderarse del comandante en jefe de un ejército que despojar a un miserable de su libertad.

Me lo contaron y lo olvidé; lo vi y lo entendí; lo hice y lo aprendí.

Quien volviendo a hacer el camino viejo aprende el nuevo, puede considerarse un maestro.

No pretendas apagar con fuego un incendio, ni remediar con agua una inundación.

El hombre que ha cometido un error y no lo corrige comete otro error mayor.

Estudia el pasado si quieres pronosticar el futuro.

Aprender sin reflexionar es malgastar la energía.

Si no estamos en paz con nosotros mismos, no podemos guiar a otros en la búsqueda de la paz.

Algún dinero evita preocupaciones; mucho, las atrae.

Un hombre sin virtud no puede morar mucho tiempo en la adversidad, ni tampoco en la felicidad; pero el hombre virtuoso descansa en la virtud, y el hombre sabio la ambiciona.

Se puede quitar a un general su ejército, pero no a un hombre su voluntad.

Donde hay educación no hay distinción de clases.

Un hombre de virtuosas palabras no es siempre un hombre virtuoso.

La ignorancia es la noche de la mente: pero una noche sin luna y sin estrellas.

Aprender sin pensar es inútil. Pensar sin aprender, peligroso.

Arréglese al estado como se conduce a la familia, con autoridad, competencia y buen ejemplo.

La naturaleza humana es buena y la maldad es esencialmente antinatural.

Si no conoces todavía la vida, ¿cómo puede ser posible conocer la muerte?

Si no se respeta lo sagrado, no se tiene nada en que fijar la conducta.

Cuando veas a un hombre sabio, piensa en igualar sus virtudes. Cuando veas a un hombre desprovisto de virtud, revisa tu vida.

El hombre sabio piensa siempre en la virtud; el hombre vulgar piensa en la comodidad.

El hombre más sabio es el que obra antes de hablar, y practica lo que profesa.

No son las malas hierbas las que ahogan la buena semilla, sino la negligencia del campesino.

La naturaleza hace que los hombres nos parezcamos unos a otros y nos juntemos; la educación hace que seamos diferentes y que nos alejemos.

El mal no está en tener faltas, sino en no tratar de enmendarlas.

El hombre sabio tiene una mente amplia y sin prejuicios.

El que ignora lo que ignora y cree que sabe algo es prejuiciado y carece de una mente amplia.

¿Uno que no sepa gobernarse a sí mismo, cómo sabrá gobernar a los demás?

No debes quejarte de la nieve en el tejado de tu vecino cuando también cubre el umbral de tu casa.

El verdadero caballero es el que solo predica lo que practica.

Lo que quiere el sabio, lo busca en sí mismo; el vulgo, lo busca en los demás.

Un caballero se avergüenza de que sus palabras sean mejores que sus actos.

Aprende a vivir y sabrás morir bien.

Oír o leer sin reflexionar es una ocupación inútil.

La sabiduría se preocupa de ser lenta en sus discursos y diligente en sus acciones.

Los defectos de un hombre se adecuan siempre a su tipo de mente. Observa sus defectos y conocerás sus virtudes.

Entristécete no porque los hombres no te conozcan, sino porque tú no conoces a los hombres.

Nunca hagas apuestas. Si sabes que has de ganar, eres un pícaro; y si no lo sabes, eres tonto.

Aquel que gobierna por medio de su excelencia moral puede compararse a la estrella polar, que permanece en su sitio en tanto todas las demás estrellas se inclinan ante ella.

El lenguaje artificioso y la conducta aduladora rara vez acompañan a la virtud.

El hombre sabio sabe que ignora.

El hombre superior es persistente en el camino cierto
y no sólo persistente.

Antes de empezar un viaje de venganza cava dos
tumbas.

Los hombres se distinguen menos por sus
cualidades naturales que por la cultura que ellos
mismos se proporcionan. Los únicos que no cambian
son los sabios de primer orden y los completamente
idiotas.

Yo no procuro conocer las preguntas; procuro conocer las respuestas.

Sólo el virtuoso es competente para amar u odiar a los hombres.

La virtud no habita en la soledad: debe tener vecinos.

Los cautos rara vez se equivocan.

Mejor que el hombre que sabe lo que es justo es el hombre que ama lo justo.

El que conoce la verdad no es igual al que la ama.

Un erudito que no sea serio no inspirará respeto, y su sabiduría, por lo tanto, carecerá de estabilidad.

Quien gobierna a un pueblo dando buen ejemplo se parece a la estrella polar, que permanece inmutable mientras los astros dan vueltas a su alrededor.

Raras veces los hombres reconocen los defectos de aquellos a quienes aman, y no acostumbran tampoco a valorar las virtudes de aquellos a quienes odian.

Gobernar es rectificar.

Trabaja en impedir delitos para no necesitar castigos.

Desde el hombre más rico al más pobre, todos tienen el deber de conocer y mejorar su propio ser.

Para conseguir que nuestras acciones sean rectas y sinceras debemos actuar de acuerdo con las inclinaciones naturales de nuestro ser.

Lo que desapruebes de tus superiores, no lo practiques con tus subordinados, ni lo que desapruebes de tus subordinados debes practicarlo con tus superiores. Lo que desapruebes de los que te preceden, no lo practiques con los que te siguen, y lo que desapruebes de quienes te siguen no lo hagas a quienes estén delante de ti.

No hay cosa más fría que un consejo cuya aplicación sea imposible.

Cuando la armonía alcanza su perfección, la paz y el orden reinan en el cielo y la tierra, y todos los seres alcanzan su desarrollo

Debes hacer el bien, aunque en el país no se respeten las leyes y reine la corrupción.

El camino recto debemos buscarlo en nuestro interior.

No es verdadera la norma de conducta que se descubre fuera del hombre, es decir, la que no deriva directamente de la propia naturaleza humana.

El que no es fiel y sincero con sus amigos, jamás gozara de la confianza de sus superiores

La cortesía que debe presidir nuestras actuaciones cotidianas se fundamenta principalmente en el respeto y comprensión hacia todos.

La verdadera ciencia consiste en conocer que se sabe lo que realmente se sabe, y que se ignora lo que de verdad se ignora.

Los defectos de los hombres dan a conocer su verdadero valor. Si examinamos con atención sus faltas, sabremos si su bondad es verdadera o fingida.

Si la ganancia se antepone a lo justo, los súbditos nunca estarán satisfechos, y el príncipe se hallará en peligro constante.

La sabiduría y la prudencia de nada sirven si no se presenta una ocasión propicia; los buenos arados nada pueden por si solos, si no se presenta una estación favorable.

Es preciso obrar con rectitud sin pensar en las consecuencias. No debemos omitir el cumplimiento de nuestros deberes, ni realizarlos antes de tiempo.

No puede ser bueno quien solo piensa en acumular riquezas; no puede ser rico quien solo piensa en practicar el bien.

Antes de empezar un viaje de venganza cava dos tumbas.

Aprender sin reflexionar es malgastar la energía.

Cuando llegue la prosperidad no la uses toda.

Quien gobierna a un pueblo dando buen ejemplo se parece a la estrella polar, que permanece inmutable mientras los astros dan vueltas a su alrededor.

Es imprescindible conocer el fin hacia el que
debemos dirigir nuestras acciones.

Cuanto conozcamos la esencia de todas las cosas,
habremos alcanzado el estado de perfección que nos
habíamos propuesto.

Desde el hombre más rico hasta el más humilde,
todos tienen el deber de mejorar su propio ser.

Debemos esforzarnos para no juzgar y eliminar
nuestras tendencias malignas.

Lograr que nuestros propósitos sean justos actuando de acuerdo a nuestras inclinaciones naturales.

Cuando el espíritu se agita de ira pierde fortaleza.

Cuando nuestro espíritu se haya turbado por cualquier motivo, miramos y no vemos, escuchamos y no oímos, comemos y no saboreamos.

Cuando el espíritu teme carece de fortaleza.

Cuando el espíritu solo busca placer se debilita.

Cuando el espíritu se abruma por el dolor no puede buscar fortaleza.

Raras veces los hombres reconocen los defectos de aquellos a quienes aman, y no acostumbran tampoco a valorar las virtudes de aquellos a quienes odian.

Conocer lo que es justo y no practicarlo es cobardía.

Lo que desapruebes de tus superiores, no lo practiques con tus subordinados, ni lo que desapruebes de tus subordinados debes practicarlo con tus superiores. Lo que desapruebes de quienes te han precedido no lo practiques con los que te siguen, y lo que desapruebes de quienes te siguen no lo hagas a los que están delante de ti.

No dar importancia a lo principal, es decir, al cultivo de la inteligencia y del carácter, y buscar sólo lo accesorio, es decir, las riquezas, sólo puede dar lugar a la perversión de los sentimientos del pueblo, el cual también valorará únicamente las riquezas y se entregará sin freno al robo y al saqueo.

Si el príncipe utiliza las rentas públicas para
aumentar su riqueza personal, el pueblo imitará este
ejemplo y dará rienda suelta a sus más perversas
inclinaciones; si, por el contrario, el príncipe utiliza
las rentas públicas para el bien del pueblo, éste se le
mostrará sumiso y se mantendrá en orden.

Si el príncipe o los magistrados promulgan leyes
o decretos injustos, el pueblo no los cumplirá y
se opondrá a su ejecución por medios violentos y
también injustos. Quienes adquieran riquezas por
medios violentos e injustos del mismo modo las
perderán por medios violentos e injustos.

Cuando el centro y la armonía han alcanzado su máximo grado de perfección, la paz y el orden reinan en el cielo y en la tierra, y todos los seres alcanzan su total desarrollo.

La situación en que nos hallamos cuando todavía no se han desarrollado en nuestro ánimo la alegría, el placer, la cólera o la tristeza, se denomina "centro". En cuanto empiezan a desarrollarse tales pasiones sin sobrepasar cierto límite, nos hallamos en un estado denominado "armónico" o "equilibrado". El camino recto del universo es el centro; la armonía es su ley universal y constante.

El carpintero hábil no se hace torpe para poder ser imitado por cualquiera de sus ayudantes.

Sólo hay un medio de acrecentar las rentas públicas de un reino: que sean muchos los que produzcan y pocos los que disipen, que se trabaje mucho y que se gaste con moderación. Si todo el pueblo obra así, las ganancias serán siempre suficientes.

El hombre noble, cualesquiera que sean las circunstancias en que se encuentre se adapta a ellas con tal de mantenerse siempre en el centro. En cuanto conseguía una nueva virtud, se apegaba a ella, la perfeccionaba en su interior y ya no la abandonaba en toda la vida.

Mucho más excelente es la virtud del que permanece fiel a la práctica del bien, aunque el país esté carente de leyes y sufra una deficiente administración.

El camino recto o norma de conducta moral debemos buscarla en nuestro interior. No es verdadera norma de conducta la que se descubre fuera del hombre, es decir, la que no deriva directamente de la propia naturaleza humana. Quien desea para los demás lo mismo que desearía para sí, y no hace a sus semejantes lo que no quisiera que le hicieran a él, éste posee la rectitud de corazón y cumple la norma de conducta moral que la propia naturaleza racional impone al hombre.

Existen cinco deberes fundamentales, comunes y tres facultades para practicarlos. Estos deberes se refieren a las cinco relaciones siguientes: las relaciones que deben existir entre el príncipe y los súbditos, entre el padre y sus hijos, entre el marido y la esposa, entre los hermanos mayores y los menores, y entre los amigos. El recto comportamiento en estas cinco relaciones constituye el principal deber común a todos los hombres.

La perseverancia en el camino recto y la práctica constante de las buenas obras, cuando han alcanzado su prado máximo de perfección, producen óptimos resultados; del mismo modo, el fiel cumplimiento del deber dará lugar a beneficios sin límite, siendo su causa unas fuerzas de naturaleza sutil e imperceptible.

Para el buen gobierno de los reinos es necesaria la observancia de nueve reglas universales: el dominio y perfeccionamiento de uno mismo, el respeto a los sabios, el amor a los familiares, la consideración hacia los ministros por ser los principales funcionarios del reino, la perfecta armonía con todos los funcionarios subalternos y con los magistrados, unas cordiales relaciones con todos los súbditos, la aceptación de los consejos y orientaciones de sabios y artistas de los que siempre debe rodearse el gobernante, la cortesía con los transeúntes y extranjeros, y el trato honroso y benigno para con los vasallos.

Si antes de ponernos a hablar determinamos y escogemos previamente las palabras, nuestra conversación no será vacilante ni ambigua. Si en todos nuestros negocios y empresas determinamos y planeamos previamente las etapas de nuestra actuación, conseguiremos con facilidad el éxito. Si determinamos con la suficiente antelación nuestra norma de conducta en esta vida, en ningún momento se verá nuestro espíritu asaltado por la inquietud. Si Conocemos previamente nuestros deberes, nos resultará fácil su cumplimiento.

Todos los seres participan en la vida universal, y no se perjudican unos a otros. Todas las leyes de los cuerpos celestes y las que regulan las estaciones se cumplen simultáneamente sin interferirse entre sí. Las fuerzas de la naturaleza se manifiestan tanto haciendo deslizar un débil arroyo como desplegando descomunales energías capaces de transformar a todos los seres, y en esto consiste precisamente la grandeza del cielo y de la tierra.

El que no es fiel y sincero con sus amigos, jamás gozará de la confianza de sus superiores.

Cuando el hombre prudente es elevado a la dignidad soberana, no se enorgullece ni envanece por ello; si su posición es humilde, no se rebela contra los ricos y poderosos.

Cuando el reino es administrado con justicia y equidad, bastará su palabra para que le sea conferida la dignidad que merece; cuando el Reino sea mal gobernado, y se produzcan disturbios y sediciones, bastará su silencio para salvar su persona.

El sabio pretende que sus acciones virtuosas pasen desapercibidas a los hombres, pero día por día se revelan con mayor resplandor; contrariamente, el hombre inferior realiza con ostentación las acciones virtuosas, pero se desvanecen rápidamente. La conducta del sabio es como el agua: carece de sabor, pero a todos complace; carece de color, pero es bella y cautivadora; carece de forma, pero se adapta con sencillez y orden a las más variadas figuras.

La pompa y la ostentación sirven de muy poco para la conversión de los pueblos.

Tan malo es pasar de la medida como no alcanzarla.

Sin ofrecer bienes materiales el sabio se gana el amor de todos; sin mostrarse cruel ni encabezado, es temido por el pueblo más que las hachas y las lanzas.

Contrólate a ti mismo hasta en tu casa; no hagas, ni aún en el lugar más secreto, nada de lo que puedas avergonzarte.

Si el hombre sabio observa una conducta displicente, no inspirará respeto; si se limita a estudiar, sus conocimientos no serán profundos. Debéis ser siempre sinceros, fieles y actuar con buena fe. No entabléis amistad con personas de virtud o conocimientos inferiores a los vuestros. Si tenéis algún defecto, procurad corregirlo.

La cortesía que debe presidir nuestras actuaciones cotidianas se fundamenta principalmente en el respeto y comprensión hacia todos.

Se puede calificar de " hombre superior " el que primero pone en práctica sus ideas, y después predica a los demás lo que él ya realiza.

La verdadera ciencia consiste en conocer que se sabe lo que realmente se sabe, y que se ignora lo que en verdad se ignora. En esto consiste la verdadera sabiduría.

Aprende a escuchar sin descanso para disipar tus dudas; mide tus palabras, para que nada de lo que digas sea superfluo; sólo de este modo lograrás evitar todo error. Obsérvalo todo, para prevenir los daños que pudiera ocasionarte una insuficiente información. Controla tus acciones, y así no tendrás que arrepentirte con frecuencia de ellas. En cuanto hayas conseguido que tus palabras sean normalmente rectas, y no debas arrepentirte con frecuencia de tus acciones, serás digno del cargo que ocupas. Conocer lo que es justo y no practicarlo es una cobardía. El hombre superior no discute ni se pelea con nadie. Sólo discute cuando es preciso aclarar alguna cosa, pero aún entonces cede el primer lugar a su antagonista vencido y sube con él a la sala; terminada la discusión, bebe con su contrincante en señal de paz. Estas son las únicas discusiones del hombre superior.

Los hombres ambicionan las riquezas y los honores, pero si no es posible obtenerlos por medios honestos y rectos, deben renunciar a estos bienes. Los hombres huyen de la pobreza y de las injurias, pero, si no pueden evitarse por caminos honestos y rectos es preciso aceptar estos males.

Los defectos y faltas de los hombres dan a conocer su verdadera valía. Si examinamos con atención las faltas de un hombre, llegaremos a conocer si su bondad es sincera o fingida. Observad a los sabios para comprobar si vosotros poseéis sus virtudes. Observad también a los perversos para meditar en vuestro interior si estáis libres de sus defectos. Los que controlan en todo momento sus actos, raras veces se desvían del camino recto.

Una virtud nunca puede subsistir aislada; siempre ha de hallarse protegida por otras virtudes.

El hombre prudente es parco en el hablar pero activo en el obrar. Cuando empecé a tratar con los hombres, escuchaba sus palabras y confiaba en que sus acciones se ajustarían a las mismas. Ahora, al tratar con los hombres, escucho sus palabras y al propio tiempo observo sus acciones. No he conocido a ningún hombre que obrara siempre de acuerdo con sus principios. Yo no hago a los demás lo que no quisiera que ellos hicieran conmigo.

El que sabe mantener un porte digno aun cuando se halla entre sus amigos, conseguirá que sus más íntimos amigos sientan un gran respeto hacia él. Lo único que yo ambiciono y deseo es no caer en la necesidad de vanagloriarme por mis virtudes y por mi inteligencia, y no pregonar mis buenas acciones. Un hombre digno debe ayudar a los necesitados, pero no aumentar los bienes de los ricos.

Es mejor amar la verdad que el frío conocimiento de la misma; es mejor complacerse en la práctica de la verdad, que el simple amor hacia ella.

Estaría dispuesto a ejercer cualquier oficio si con él pudiera obtener grandes riquezas por medios honrados; si por el contrario, para enriquecerse debiera emplear medios deshonestos, preferiría seguir en la pobreza dedicándome a mis actividades favoritas.

No he hallado todavía ningún hombre santo; como máximo sólo he logrado conocer a algún hombre sabio. No comprendo cómo puede haber hombres que actúen sin saber lo que hacen. Quienes son pródigos en exceso y se entregan al lujo, fácilmente se vuelven orgullosos. Cuando el hombre se halla cerca de la muerte, sus palabras son sinceras y veraces. Es posible lograr que el pueblo siga al hombre bueno, pero nunca se le podrá forzar a que le comprenda.

En general los hombres aman más la belleza corporal que la virtud.

Cuando uno no ha alcanzado todavía la perfección en el servicio de los hombres, ¿Cómo es posible que sea digno de servir a los espíritus? ¿Qué es la muerte? Si todavía no sabemos lo que es la vida, ¿Cómo puede inquietarnos el conocer la esencia de la muerte?

En público, compórtate siempre como si estuvieras ante un personaje muy distinguido; cuando debas dar alguna orden al pueblo, muestra el mismo respeto y dignidad como si estuvieras ofreciendo el gran sacrificio. No quieras para los demás lo que no quisieras para ti.

El hombre bondadoso es mesurado al hablar. El hombre noble es el que nunca siente pesar ni temor. Sólo el que cuando se examina en su interior no encuentra nada malo puede verse libre de todo pesar y de todo temor.

Resulta totalmente imposible gobernar un pueblo si éste ha perdido la confianza en sus gobernantes.

Buscar ante todo la rectitud de nuestras palabras,
y ajustar luego nuestra conducta a ellas.
Obrar siempre de acuerdo con la justicia, para
perfeccionarnos cada día en su realización. Las
inquietudes interiores provienen de desear la
vida de quienes se ama, mientras que se desea la
muerte de aquellos a quienes se odia, ya que ello
es como desear al mismo tiempo la vida y la muerte
de alguien. El hombre perfecto no pone su máxima
aspiración en las riquezas.

Reflexionar con calma antes de adoptar ninguna
determinación, no cansarse nunca de obrar el bien, y
tratar cada asunto según convenga.

Aún las profesiones más humildes son dignas de
respeto.

Lo primero que debe mirar el jefe es que su conducta sea sencilla, recta y justa en todo momento; tener siempre en cuenta los consejos de los demás hombres; ha de controlar en todo momento sus propios actos, y nunca debe mandar despóticamente.

El medio más eficaz para combatir nuestros vicios y malas inclinaciones consiste en no combatir los vicios y malas inclinaciones de los demás antes de haber eliminado los propios.

¿En qué consiste la bondad? En amar a todos los hombres. ¿En qué consiste la ciencia? En conocer a los hombres. El noble no expresa nunca su parecer sobre las cosas que no comprende. Busca la máxima precisión en sus palabras; esto es lo más importante.

Si quien gobierna no es justo, aunque ordene que se practique la justicia no será obedecido.

Cuando el pueblo es tan numeroso, ¿Qué puede hacerse en su bien? Hacerlo rico y feliz. Y cuando sea rico ¿Qué más puede hacerse por él? Educarlo.

Quien se controla a sí mismo y por el bien, no tendrá dificultad alguna para gobernar con eficacia. Al que no sabe gobernarse a sí mismo, le resultará imposible ordenar la conducta de los demás hombres.

¿Cuál es la esencia de un buen gobierno? No resolver los asuntos con precipitación y no buscar el propio provecho.

Si todos los habitantes de nuestra aldea sienten afecto hacia un hombre, ¿Qué debemos opinar de él? Este hecho no resulta suficiente para emitir un juicio sobre dicho hombre.

El hombre vulgar es vano y orgulloso, aun cuando su posición no sea elevada. Se halla muy cerca de la perfección el hombre que es constante, paciente, humilde y mesurado en el hablar.

Deben imponerse castigos cuando convenga. La fidelidad no es contraria a una justa corrección.

El que de niño no ha respetado a sus hermanos ni a sus padres, en la edad madura no ha hecho nada provechoso, y al llegar la vejez no ha muerto, es un hombre despreciable.

El que habla en exceso y sin cordura raras veces pone en práctica lo que dice. El hombre noble nunca teme que sus palabras superen a sus obras.

No debe afligirnos el que los hombres no os conozcan. Lo lamentable es que no seáis dignos de ser conocidos por los hombres.

La prudencia aconseja no indignarse cuando los hombres nos engañan, no entristecerse cuando son infieles. El hombre prudente prevé siempre estas eventualidades.

El hombre que no medita y obra con precipitación, no podrá evitar grandes fracasos. No he hallado a nadie que amase las virtudes con la misma intensidad con que se ama la belleza corporal.

¿Qué es lo más importante para alcanzar una conducta correcta? Ser sincero en todo momento y mantener siempre la palabra dada. Procurar que aún el menor gesto refleje la dignidad interior, y no cometer ninguna acción asombrosa. Si obras así, tu conducta será admirada en todos los lugares, aún entre los pueblos bárbaros. Por el contrario, si no eres sincero, si faltas a tus promesas, si tus gestos no son dignos o tus acciones son deshonrosas, tu conducta será despreciada tanto en una ciudad de 10.000 familias como en una aldea de 35 vecinos.

Sed rígidos con vosotros mismos, pero condescendientes con los demás. De este modo os veréis libres de toda envidia y resentimiento.

La inconstancia y la impaciencia destruyen los más elevados propósitos.

El hombre que no examina cada día en su interior lo que debe hacer, lo que debe imitar, lo que debe aconsejar, y lo que debe reprochar, no hará nada bueno en su vida.

Cuando permanecen muchas personas reunidas durante todo un día, no todo lo que se comenta es justo y equitativo. Es muy frecuente que se hable sobre cosas vulgares y que abunden las conversaciones necias.

El noble no da crédito a las palabras por la sola autoridad de quien las pronuncia; tampoco rechaza la verdad aunque provenga de una persona ignorante.

Cuando la muchedumbre desprecia a alguien, debéis examinar con objetividad su conducta antes de emitir vuestra opinión. También cuando la multitud aclama a alguien, es preciso contemplar con imparcialidad sus obras antes de aprobarlas.

El hombre puede ensalzar las excelencias de la virtud, pero la virtud no puede proporcionar prosperidad y fama al hombre.

Sólo puede ser calificado como " vicioso " el que comete un acto deshonroso y no se corrige.

Si se mata una gallina, ¿Para qué utilizar un cuchillo, que sirve para matar bueyes?

Los ministros de un príncipe virtuoso deben evitar tres faltas: la petulancia, consistente en hablar cuando nadie les ha pedido su opinión; la timidez, que consisten no atreverse a expresar su opinión cuando se les invita a ello; y la imprudencia, que consiste en hablar sin haber observado antes el estado de ánimo del príncipe.

Sólo los hombres de profunda inteligencia y los necios de mente más obtusa permanecen invariables.

El noble sólo busca la verdad y no se aferra con ciega obstinación a su criterio. Transmitid la cultura a todo el mundo, sin distinción de razas nl de categorías. Las palabras han de expresar con fidelidad nuestro pensamiento.

Si respetáis vuestra propia persona y a todos nuestros semejantes, nadie podrá despreciaros; si sois generosos, os ganaréis el afecto del pueblo; si sois sinceros, nadie desconfiará de vosotros; si todos vuestros actos os aproximan al bien, vuestro mérito será grande; el amor a los hombres es la mejor arma para gobernar con eficacia.

Por consiguiente, el noble debe vigilar mucho sus palabras.

No os avergoncéis de preguntar para resolver vuestras dudas, y meditad las respuestas que os hayan sido dadas.

Los hombres viciosos procuran disimular sus faltas con apariencias de honradez. Basta una sola palabra acertada del noble para que se le considere entendido sobre una cosa, pero también basta que cometa un solo error para que se diga que no sabe nada.

Puede calificarse como "amante del estudio " quien cada día adquiere un conocimiento nuevo, y cada mes retiene lo que ha aprendido.

El buen gobernante debe ser generoso sin caer en la prodigalidad; debe cobrar los impuestos suficientes para llevar una vida digna, sin caer en la codicia; su porte debe ser digno y grave, sin dejarse llevar por una vana ostentación; debe tener autoridad, sin que su mando sea despótico; debe exigir con cautela la colaboración del pueblo en los trabajos públicos, para no suscitar su resentimiento.

Realizar cuanto sea para el bien común,
¿No es ésta la mejor forma de generosidad?
Desear únicamente las riquezas necesarias
para la práctica de las virtudes propios de su
dignidad, ¿Puede esto llamarse "codicia?" Si
sus propiedades particulares no son demasiado
grandes ni demasiado pequeñas, si se ocupa
de los asuntos que no son ni muy importantes
ni muy insignificantes, si se mantiene a cierta
distancia de los hombres sin despreciar a nadie,
¿No es esto la dignidad exenta de orgullo? Si
cuida su aspecto exterior, si es equilibrado y
ecuánime en todos sus actos, el pueblo entero lo
respetará sin experimentar temor, ¿No consiste
en esto la autoridad libre de despotismo? Si sólo
utiliza el trabajo de los súbditos para realizar lo
que es razonablemente necesario, ¿Quién podrá
experimentar resentimiento?

Si un príncipe se entristece por las desgracias de
su pueblo, los súbditos también sentirán pesar por
las tristezas de su príncipe. Si el príncipe se alegra
con la felicidad de su pueblo, y hace suyas las
penalidades de sus súbditos, no tendrá dificultad
alguna en su gobierno.

Los cuatro vicios relativos al gobierno son los siguientes: no instruir al pueblo y ocultarle la verdad, lo cual recibe el nombre de " tiranía ". exigir una conducta perfecta a todos los ciudadanos sin informarles previamente sus obligaciones, lo que recibe el nombre de " opresión ". no tener prisa en dar las órdenes y pretender luego que se cumplan en el acto, lo que representa una grave injusticia. Buscar siempre el propio provecho, lo que recibe el nombre de "egoísmo ".Si la ganancia o el provecho se anteponen a la justicia, los súbditos nunca estarán satisfechos y el príncipe se hallará en un peligro constante.

Si tú amas con locura las riquezas, no debes hacer otra cosa que compartirlas con el pueblo.

Lo que hacen los gobernantes es luego imitado por el pueblo. No puedes, por consiguiente, acusar ahora al pueblo de su proceder ni condenarle por ello, pues ha imitado lo que había aprendido de su príncipe; ha devuelto lo que se le había dado.

Si los hombres con canas pueden cubrirse con vestidos de seda y comer carne, si los jóvenes de negros cabellos dejan de padecer hambre y frío, la vida del reino será próspera. No ha existido ni un solo príncipe que obrando así haya dejado de alcanzar autoridad sobre su pueblo.

Si un rey no gobierna con rectitud, es decir, si no colma de beneficios a su pueblo, es porque no quiere y no porque no pueda.

Las desgracias, al igual que la fortuna, sólo llegan cuando las hemos buscado con nuestros actos.

El noble que pretende fundar una dinastía no aspira a ser elevado a la dignidad Imperial, sino que se limita a preparar el camino para sus descendientes; si la voluntad del cielo le es propicia, será elevado el mismo a la suprema dignidad.

La sabiduría y la prudencia de nada sirven si no se presenta una ocasión propicia; los buenos arados nada pueden por sí solos, si no se presenta una estación favorable.

Es preciso obrar con rectitud sin pensar en las consecuencias. No debemos omitir el cumplimiento de nuestros deberes, ni realizarlos antes de tiempo.

Para la defensa de un reino no son suficientes ni las fortificaciones que se construyan, ni los obstáculos naturales que representan las montañas y los ríos, ni la abundancia de armas. La mejor defensa de un reino consiste en la decidida voluntad de sus habitantes, la cual se conquista mediante un gobierno humanitario y justo.

Quien ocupa un cargo público y no puede cumplir con sus obligaciones debe dimitir.

Quien no haya sentido nunca compasión hacia los demás no es en verdad un hombre; tampoco puede ser considerado verdadero hombre quien jamás haya experimentado los sentimientos de vergüenza y aversión; el que no posea los sentimientos de abnegación y respeto no puede ser considerado verdadero hombre; quien no distinga lo verdadero de lo falso, lo justo y lo injusto, no es un hombre.

Nada es más digno de admiración en un hombre noble que el saber aceptar e imitar las virtudes de los demás.

Lo que hagáis, a vosotros os pertenece; yo sólo debo responder de mis propios actos.

Quien pretenda someter a los hombres por la fuerza de las armas no alcanzará la sumisión de sus corazones; por esto, la violencia nunca es suficiente para dominar a los hombres. Quien conquista a los hombres por la virtud, consigue que todos se sometan a él sin reservas y con corazón alegre.

Si un medicamento no altera el organismo del enfermo, tampoco producirá la curación.

Cuando el cielo nos envía calamidades, podemos superarlas; cuando las hemos buscado nosotros mismos, sucumbiremos ante ellas.

No puede ser bueno quien sólo piensa en acumular riquezas; no puede ser rico quien sólo piensa en practicar el bien.

Las normas de conducta son inmutables; todos los Santos han obrado de conformidad con sus principios.

Si los maestros enseñan con claridad los deberes a todos los ciudadanos del reino, estos vivirán entre sí en concordia y armonía.

La generosidad consiste en repartir las riquezas entre los necesitados; la rectitud consiste en buscar el camino del bien a los descarriados; la bondad es la virtud que debe poseer el emperador para ganarse el afecto de todos sus súbditos.

En este mundo sólo se pueden seguir dos caminos: el del bien o el del mal; no existe otra posibilidad.

Los reinos pequeños imitan a los poderosos, pero se avergüenzan de recibir órdenes de ellos y no quieren acatarlas.

Los reinos perecen a causa de su interna descomposición antes de que los demás reinos los ataquen.

Buscáis el camino recto a lo lejos y lo tenéis junto a vosotros. Creéis que el bien consiste en la realización de cosas difíciles, cuando no es más que realizar con rectitud las cosas fáciles.

Cuando se emprenden guerras para conquistar nuevos territorios, los campos quedarán cubiertos por los cuerpos de las víctimas.

No puede pensarse en ningún mal mayor que en la pérdida del mutuo afecto y cariño entre padres e hijos.

Hay hombres que tienen fama de grandes creadores porque nunca nadie les ha refutado sus endebles argumentos. Uno de los principales defectos de los hombres consiste en pretender erigirse en modelo de los demás.

Cuando el príncipe empieza a imponer castigos a sus funcionarios sin que hayan cometido delito alguno, los ministros prudentes se apresuran a abandonar el reino.

Es preciso que los hombres conozcan el mal para poder evitarlo y entregarse a la práctica del bien.

Quien divulga las acciones viciosas de sus semejantes construye su propia ruina.

Si el príncipe es justo, nadie será injusto; si el príncipe es bondadoso, nadie será cruel.

El hombre noble conserva durante toda vida la ingenuidad e inocencia propias de la infancia.

El hombre sabio, en cuanto ha alcanzado una virtud, se aferra fuertemente a ella y ya no la pierde jamás; en cuanto ha perfeccionado al máximo la virtud adquirida, la guarda cuidadosamente en su interior como fuente inagotable de energía.

Quien ama a los hombres, es amado por ellos; quien los respeta es, a su vez, respetado. Supongamos que se han portado con nosotros de una forma descortés o grosera; si somos prudentes, lo primero que debemos preguntarnos es si con anterioridad hemos cometido alguna descortesía con dicha persona o si hemos sido injustos con ella; su actitud hacia nosotros debe de tener algún fundamento. Caso de que lleguemos a la conclusión de que no hemos cometido ninguna injusticia contra tal persona, sino que nos hemos mostrado siempre con ella bondadoso y corteses, debemos seguir analizando las posibles causas de la actitud descortés o grosera. Si somos prudentes, debemos reflexionar si hemos cometido la menor incorrección en nuestra conducta. En el supuesto de que tampoco hayamos cometido incorrección alguna, entonces la descortesía o grosería del ofendido carece totalmente de fundamento y el hombre prudente, ante tal situación, debe concluir: " este hombre no es más que un extravagante y un necio; en nada se diferencia de una bestia, en cuyo caso, ¿por qué debe preocuparme la actitud o actos de una bestia? ".

Gozar de prestigio y de consideración es una de las cosas que los hombres ambicionan con más ardor.

El primer deber más importante de la piedad filial consiste en honrar a nuestros padres como es debido. La mejor prueba de este amor a los padres consiste en procurarles el sustento necesario.

Las palabras en sí mismas son inocuas, pero sus consecuencias pueden ser funestas si son despectivas.

El superior debe honrar y respetar la sabiduría de sus súbditos, y el inferior debe mostrarse respetuoso y cortés con sus superiores, en atención a la dignidad que ostentan; respetar la dignidad y honrar a los sabios son dos manifestaciones de un mismo deber.

El Cielo gobierna los acontecimientos del mundo sin ser visto; esta acción oculta del Cielo es lo que se llama " El destino".

Los ministros se conocen por las personas a quienes acogen en su casa cuando están en la corte, y por las casas en que se alojan cuando están fuera de ella.

Jamás he oído que un hombre que no actuara con rectitud lograse enderezar a los demás. Menos aún podría lograr que los demás fueran sinceros quien observara un comportamiento hipócrita.

Para que pueda trabarse una verdadera amistad, es preciso prescindir de la superioridad que puedan otorgar la edad, los honores, las riquezas o el poder. El único motivo que nos debe incitar a la amistad es la búsqueda de las virtudes y el mutuo perfeccionamiento.

Las penas y privaciones agudizan la inteligencia y fortalecen la prudencia.

Quien para permanecer fiel a sus principios rechaza ser elevado a una condición honrosa permanece feliz aún sin honores. Quien para no apartarse del recto camino rechaza unas rentas permanece gozoso en su pobreza.

La naturaleza humana no es ni buena ni mala. Según esto, la bondad o malicia de los hombres es algo posterior a la propia naturaleza humana en su origen. Si el hombre posee la capacidad de obrar, es necesario que posea también una norma para dirigir sus actos.

El camino recto es como una ancha a venida; no es difícil encontrarlo cuando se busca, pero los hombres no se esfuerzan por descubrirlo.

Si el supremo bien del hombre consistiera en conservar la vida, no haría otra cosa que dedicarse a descubrir y practicar todo aquello que pudiera prolongarla. Si el más temible mal del hombre fuera la muerte, investigaría y practicaría todo lo que pudiera alejar o evitarle este mal. Hay cosas que amamos más que la vida, así como hay otras más temibles que la muerte; éste es un sentimiento común a todos los hombres.

Si buscan encontrarán, si son negligentes lo perderán todo. El que busca lo que está en su interior lo descubrirá y lo alcanzará; el éxito de esta búsqueda es seguro, una ley invariable garantiza la adquisición de lo que se busca. Si, por el contrario, buscamos lo que está fuera de nosotros, todos los esfuerzos resultarán infructuosos.

Cuando el Cielo quiere conferir a alguien una difícil misión, antes pone a prueba la fortaleza de su ánimo y el equilibrio de su mente con las dificultades de una vida dura; fatiga sus músculos y todo su cuerpo con rudos trabajos, que ponen a prueba su resistencia; mortifica su carne y su piel con los rigores del hambre y del frío; les somete a las mayores privaciones de la miseria; determina que no tengan éxito en sus empresas para que se enfrenten con el fracaso. De este modo, el cielo estimula sus virtudes, fortalece su cuerpo y les hace aptos para afrontar las dificultades con que tropezarán en el cumplimiento de su alta misión. La dificultad es lo que más estimula al hombre a vencer sus deficiencias y superarlas.

Solo cuando se han padecido toda clase de privaciones y trabajos, solo cuando se ha visto el rostro de la miseria, solo entonces es posible conocer a fondo la naturaleza humana.

El hombre cumple la voluntad del Cielo cuando se esfuerza en perfeccionarse a sí mismo.

Cuando el sabio toma una determinación, es imposible que el pueblo penetre en los verdaderos motivos de la misma. Cuando un príncipe se ve rodeado por hombres perversos, aduladores y servíles, ¿Acaso puede gobernar con acierto y eficacia?

Quien se abstiene de lo que no debiera abstenerse es mejor que se abstenga de todo; el que trata con frialdad a quienes debiera tratar con ternura acabará tratando con frialdad a todo el mundo; quienes avanzan precipitadamente también retrocederán con la misma precipitación.

El origen de todas las acciones se encuentra en el interior de nuestro ser. Si reflexionando sobre nuestros propios actos descubrimos que son conformes con nuestra naturaleza racional, experimentaremos la más intensa satisfacción.

El hombre no puede dejar de arrepentirse de sus faltas. Si una sola vez se arrepiente de no haberse arrepentido de sus faltas, ya no volverá a tener motivos de arrepentimiento.

Para que nuestras palabras estén siempre conformes con la equidad, es preciso evitar la excesiva familiaridad con quienes nos rodean; él mutuo respeto es la mejor defensa contra las palabras descorteses y groseras. Si el hombre culto habla cuando debería callar, todos quedan perplejos ante sus palabras; si, por el contrario, el hombre culto calla cuando debería hablar, todos quedan desconcertados ante su silencio.

El pueblo no valora el mérito de un buen gobernante. El buen gobernante encamina al pueblo hacia el bien con su sola presencia su acción es oculta e imperceptible como la de los espíritus. El influjo de su virtud se hace sentir por todas partes, como el de las sutiles fuerzas del cielo y de la tierra. La influencia de un buen gobernante no tiene límites.

No lo pudo hacer por medio de palabras, porque el Cielo no habla. El Cielo manifiesta su voluntad a través de los méritos y buenas acciones de los hombres. Esta es la única manera con que manifiesta su voluntad. El Cielo ve a través de los ojos del pueblo; el Cielo oye a través de los oídos del pueblo.

El mejor medio para alcanzar las virtudes de la justicia y la equidad consisten en dominar las pasiones. Quien se deja dominar por las pasiones es muy difícil que obre con justicia y equidad.

Los ejemplos de bondad penetran con mayor profundidad en el corazón de los hombres que las buenas palabras; es más fácil obtener el afecto del pueblo obrando con rectitud y aconsejándole rectamente, que mediante una administración eficaz y unas leyes justas. El pueblo desconfía de las leyes y de la administración; el pueblo ama los buenos ejemplos y los acertados consejos. Con unas leyes justas y una administración eficiente, se consigue aumentar las rentas del reino; con buenas enseñanzas y buenos ejemplos, se conquista el corazón de los súbditos.

Nadie debe comer sin habérselo ganado.

Los caminos del sabio son elevados e inasequibles. Sus actos pueden ser admirados, pero no imitados.

Las mejores palabras son aquellas que encierran un profundo significado y, al mismo tiempo, resultan comprensibles para todo el mundo.

El mayor defecto de los hombres consiste en preocuparse en arrancar la cizaña de los campos ajenos, descuidando el cultivo de sus propios campos.

Todo hombre debe cumplir con su deber, prescindiendo de lo que los demás puedan decir de su conducta. Quienes actúan únicamente para merecer la aprobación de los demás hombres pueden ser considerados como aduladores del mundo; éstos son los hombres de virtud aparente, considerados en la actualidad como los más honrados.